अर्थसंग्रहः

लौगाक्षि भास्कर

Made with ❤ on the Notion Press Platform
www.notionpress.com

मङ्गलाचरणम्

वासुदेवं रमाकान्तं नत्वा लौगाक्षिभास्करः । कुरुते जैमिनिनये
प्रवेशायार्थसङ्ग्रहम् ॥१॥

तन्त्रारम्भकसूत्रावतरणम्

अथ परमकारुणिको भगवाञ्जैमिनिः धर्मविवेकाय द्वादशलक्षणीं
प्रणिनीय तत्रादौ धर्मजिज्ञासां सूत्रयामास 'अथातो धर्मजिज्ञासा'
(जै.सू.१.१.१) इति। अत्र 'अथ' शब्दो वेदाध्ययनानन्तर्यवचनः। 'अतः'
शब्दो हि वेदाध्यनस्य दृष्टार्थत्वं ब्रूते।

धर्मविचारशास्त्रस्य आवश्यकता

'स्वाध्यायोऽध्येतव्यः'(तै.आ. २.१५.७; श.ब्र. ११.५.६.३.)
इत्यध्यनविधौ, तदध्ययनार्थज्ञानरूपदृष्टार्थकत्वेन व्यवस्थापनात्।
तथा च वेदाध्यनानन्तरं यतोऽर्थज्ञानरूपदृष्टार्थकं तदध्ययनम्, अतो
हेतोर्धर्मस्य जिज्ञासा 'कर्त्तव्या' इति शेषः। जिज्ञासापदस्य विचारे
लक्षणा। अतो धर्मविचारशास्त्रमिदमारम्भणीयमिति
शास्त्रारम्भसूत्रार्थः।

धर्मलक्षणप्रश्नः

अथ को धर्मः ? किं तस्य लक्षणम् ? इति चेत्, उच्यते यागादिरेव धर्मः
। तल्लक्षणम् वेदप्रतिपाद्यः प्रयोजनवदर्थो धर्मः ।
प्रयोजनेऽतिव्याप्तिवारणाय वेदप्रतिपाद्य इति ।
भोजनादावतिव्याप्तिवारणाय 'वेदप्रतिपाद्यः' इति ।
अनर्थफलकत्वादनर्थभूते श्येनादावतिव्याप्तिवारणाय 'अर्थः' इति ।

वेदस्य धर्मप्रतिपादकत्वम्

न च 'चोदनालक्षणोऽर्थो धर्मः' (जै.सू. १.१.२) इति सौत्रतल्लक्षणविरोधः, चोदनापदस्य विधिरूपवेदैकदेशपरत्वात् इति वाच्यम् । तत्रापि चोदनाशब्दस्य वेदमात्रपरत्वात्। वेदस्य सर्वस्य धर्मतात्पर्यत्वेन धर्मप्रतिपादकत्वात् । स च यागादिः 'यजेत स्वर्गकामः' इत्यादिवाक्येन स्वर्गमुद्दिश्य पुरुषं प्रति विधीयते। तथा हि 'यजेत' इत्यत्रास्त्यंशद्वयम् 'यजि' धातुः, प्रत्ययश्च । प्रत्ययेऽप्यस्त्यंशद्वयम् 'आख्यातत्वं', 'लिङ्त्वं च' । तत्राख्यातत्वं दशलकारसाधारणम्, लिङ्त्वं पुनर्लिङ्मात्रे ।

भावनाविचारः

उभाभ्यामप्यंशाभ्यां भावना एव उच्यते । भावनालक्षणम् भवितुः भवनानुकूलो भावयितुः व्यापारविशेषः । सा द्विधा 'शाब्दीभावना', 'आर्थीभावना' चेति ।

शाब्दीभावना

तत्र पुरुषप्रवृत्यनुकूलो भावयितुः व्यापारविशेषः शाब्दीभावना । स च लिङ्शेनोच्यते । लिङ्श्रवणे 'अयं मां प्रवर्तयति', 'मत्प्रवृत्त्यनुकूलव्यापारवानयम्' इति नियमेन प्रतीतेः। यद्यस्माच्छब्दान्नियमतः प्रतीयते तत्तस्य वाच्यम्। यथा 'गामानय' इत्यस्मिन् वाक्ये गोशब्दस्य 'गोत्वम्'।

शाब्द्या लौकिकवैदिकभेदौ

स च व्यापारविशेषो लौकिकवाक्ये पुरुषनिष्ठोऽभिप्रायविशेषः । वैदिकवाक्ये तु पुरुषाभावात् लिङ्गादिशब्दनिष्ठ एव । अत एव शाब्दी भावना इति व्यवह्रियते । सा च भावना अंशत्रयम् अपेक्षते । साध्यं साधनम् इति कर्तव्यतां च । किं भावयेत् ? केन भावयेत् ? कथं भावयेत् ? इति ।

तत्र साध्याकाङ्क्षायां वक्ष्यमाणांशत्रयोपेतां आर्थीभावना साध्यत्वेन अन्वेति एकप्रत्ययगम्यत्वेन समानाभिधानश्रुतेः ।
संख्यादीनामेकप्रत्ययगम्यत्वेऽप्ययोग्यत्वात् न साध्यत्वेन अन्वयः ।
साधनाकाङ्क्षायां लिङादिज्ञानं करणत्वेन अन्वेति । तस्य च करणत्वं न भावनोत्पादकत्वेन, तत्पूर्वमपि तस्याः शब्दे सत्वात् । किन्तु भावना ज्ञापकत्वेन शब्दभावनाभाव्यनिवर्तकत्वेन वा । इति कर्तव्यताकाङ्क्षायामर्थवादज्ञाप्यप्राशत्यमितिकर्तव्यतात्वेन अन्वेति

।

आर्थीभावनाया अंशत्रयम्

प्रयोजन इच्छाजनितक्रियाविषयव्यापार आर्थीभावना । सा च आख्यातत्व अंशेन उच्यते आख्यातसामान्यस्य व्यापारवाचित्वात् । साप्यंशत्रयम् अपेक्षते । साध्यं साधनम् इति कर्तव्यतां च । किं भावयेत् ? केन भावयेत् ? कथं भावयेत् ? इति । तत्र साध्याकाङ्क्षायां स्वर्गादिफलं साध्यत्वेन अन्वेति । साधनाकाङ्क्षायां यागादिः करणत्वेन अन्वेति । इति कर्तव्यताकाङ्क्षायां प्रयाजादि अङ्गजातमिति कर्तव्यतात्वेन अन्वेति ।

वेदलक्षणविचारः

अथ को वेदः ? इति चेत् । उच्यते अपौरुषेयं वाक्यं वेदः । स च विधि मन्त्र नामधेयनिषेधअर्थवादभेदात् पञ्चविधः ।

विधिमीमांसा

तत्र अज्ञातार्थज्ञापको वेदभागो विधिः । स च तादृशप्रयोजनवत् अर्थविधानेन अर्थवान् यादृशं च अर्थ प्रमाणान्तरेण अप्राप्तं विधत्ते यथा "अग्निहोत्रं जुहुयात्स्वर्गकाम" इति विधिः मानान्तरेण अप्राप्तं स्वर्गप्रयोजनवद् होमं विधत्ते अग्निहोत्रहोमेन स्वर्गं भावयेत् इति

वाक्यार्थबोधः ।

यत्र कर्म मानान्तरेण प्राप्तं तत्र तदुद्देशेन गुणमात्रं विधत्ते यथा "दध्ना जुहोति" इत्यत्र होमस्य अग्निहोत्रं जुहुयात् इत्यनेन प्राप्तत्वात् होमोद्देशेन दधिमात्रविधानं 'दध्ना होमं भावयेत्' इति । यत्र तु उभयम् प्राप्तं तत्र विशिष्टं विधत्ते यथा " सोमेन यजेत्" इत्यत्र सोमयागयोः अप्राप्तत्वात् सोमविशिष्टयागविधानम् । सोमपदे मत्वर्थलक्षणया सोमवता यागेन ईष्टं भावयेत् इति वाक्यर्थबोधः ।

वाक्यभेददोषपरिहारः

न च उभयविधाने वाक्यभेदः, प्रत्येकम् उभयस्य विधानात्, किन्तु विशिष्टस्यैव विधानात् ।

गुणविध्यादिभेदः

न च "ज्योतिष्टोमेन स्वर्गकामो यजेत् " इति विधिप्राप्तयागोद्देशेन सोमरूपगुणविधानमेव अस्तु , सोमेन यागं भावयेदिति किं मत्वर्थलक्षणया इति वाच्यम् । तस्य अधिकारविधित्वेन उत्पत्तिविधित्वेन असंभवात् ।

उभयविधित्वम्

ननु "उद्भिदा यजेत पशुकाम" इत्यस्येव ज्योतिष्टोमेन इत्यस्य उत्पत्यधिकारविधित्वम् अस्तु इति चेत्, न । दृष्टान्ते उत्पत्तिवाक्यान्तराभावेन अन्यथा अनुपपत्त्या तथात्वाश्रयणात् । किञ्च ज्योतिष्टोमेन इत्यस्य उभयविधित्वे अनेनैव यागस्तस्य फलसम्बन्धोऽपि बोधनीय इति सुदृढो वाक्यभेदः । तद्वरं सोमपदे मत्वर्थलक्षणया विशिष्टविधानम् ।

विधिश्चतुर्विधः

विधिश्चतुर्विधः उत्पत्तिविधिः विनियोगविधिः अधिकारविधिः प्रयोगविधिश्चेति ।

उत्पत्तिविधिः

कर्मस्वरूपमात्रबोधको विधिः उत्पत्तिविधिः । यथा "अग्निहोत्रं जुहोति" इति । अत्र च विधौ कर्मणः करणत्वेन अन्वयः, अग्निहोत्रहोमेन ईष्टं भावयेत् इति ।

यागस्य रूपद्वयम्

ननु यागस्य द्वे रूपे द्रव्यं देवता च । तथा च रूपाश्रवणेऽग्निहोत्रं जुहोतीति कथमुत्पत्तिविधिः ? अग्निहोत्रशब्दस्य तु तत्प्रख्यन्यायेन नामधेयत्वादिति चेत् । न । रूपाश्रवणेऽप्यस्योत्पत्तिविधित्वात् । अन्यथा रूपश्रवणात् 'दध्ना जुहोति' इत्ययमेवोत्पत्तिविधिः स्यात् । तथा च 'अग्निहोत्रं जुहोति' इति वाक्यमनर्थकं स्यात् ।

विनियोगविधिः

अङ्गप्रधानसंबन्धबोधको विधिर्विनियोगविधिः । यथा 'दध्ना जहोति' इति । स हि तृतयिया प्रतिपन्नाङ्गभावस्य दनो होमसंबन्धं विधत्ते दध्ना होमं भावयेदिति । गुणविधौ च धात्वर्थस्य साध्यत्वेनान्वयः । क्वचिटाश्रयत्वेनापि, यथा 'दनेन्द्रियकामस्य जुहुयात् ते. ब्रा. २. १. ५. ६' इत्यत्र दधिकरणत्वेनेन्द्रियं भावयेत्। तच्च किंनिष्ठमित्याकाङ्क्षायां सन्निधिप्राप्तहोम आश्रयत्वेनान्वेति ।।

विनियोगविधेः सहकारिभूतानि श्रुत्यादिषट्प्रमाणानि

एतस्य विधेः सहकारिभूतानि षट्प्रमाणानि श्रुति लिङ्ग् वाक्य प्रकरण स्थान समाख्यारूपाणि । एतत्सहकृतेनानेन विधिनाङ्गत्वं परोद्देशप्रवृत्तकृतिसाध्यत्वरूपं पाराथ्यापरपर्यायं ज्ञाप्यते ।

श्रुतिनिर्वचनम्

तत्र निरपेक्षो रवः श्रुतिः । सा च त्रिविधा विधात्री, अभिधात्री, विनियोक्त्री च । तत्राद्या लिङाद्यात्मिका द्वितीया व्रीह्यादिश्रुतिः । यस्य च शब्दस्य धवणादेव संवन्धः प्रतीयते सा विनियोक्त्री।

विनियोक्त्री श्रुतिस्त्रिधा

सापि त्रिविधा विभक्तिरूपा, एकाभिधानरूपा, एकपदरूपा चेति। तत्र विभक्तिश्रुत्या अङ्गत्वम्, यथा 'व्रीहिभिर्यजेत' आप. श्री. सू. ६. ३१. २४ इति तृतीयाश्रुत्या व्रीहीणां यागाङ्गत्वम् । तदपि पुरोडाशप्रकृतितया । यथा पशोर्हृदयादिरूपहविः प्रकृतितया यागाङ्गत्वम ।

तृतीयाविभक्तिरूपाय उदाहरणम्

'अरुणया एकहायन्या गवा सोमं क्रीणाति' तै. सं. ७. १. ६.२ इत्यस्मिन् वाक्ये आरुण्यस्यापि तृतीयाश्रुत्या क्रयाङ्गत्वम् । तदपि गोरूपद्रव्यपरिच्छेदद्वारा, नतु साक्षात्, अमूर्तत्वात् ।

द्वितीयारूपाया विनियोक्त्र्या उदाहरणम्

'व्रीहीन् प्रोक्षति ते. ब्रा. ३. २. ५. ४ इति प्रोक्षणस्य व्रीह्यियङ्गदत्वं द्वितीयाश्रुत्या । तच्च प्रोक्षणं न व्रीहीस्वरूपार्थम्, तस्य तेन विनाप्युपपत्तेः । किंत्वपूर्वसाधनत्वप्रयुक्तम् । व्रीहीनप्रोक्ष्य यागानष्ठाने पूर्वानुपपत्तेः । एवं सर्वेष्ट्वङ्गष्वपूर्वप्रयुक्तमहत्व

बोध्यम् । एवं 'इमामगृभ्णन् रशनामृतस्येत्यश्वाभिधानीमादत्ते' तै. सं. ५.१.२.१ इत्यत्र द्वितीययात्रुत्या मन्त्रस्याश्वाभिधान्यङ्गत्वम् ।

सप्तमीविभक्तिविनियोक्त्र्या उदाहरणम्

'यदाहवनीये जुहोति' तै. ब्रा. १. १. १०.५ इत्याहवनयिस्य होमाङ्गत्वं सप्तमीश्रुत्या । एवमन्योऽपि विभक्तिद्युन्या विनियोगो ज्ञेयः ।

एकाभिधानश्रुतिः

'पशुना यजेत' तै. सं. ६. १. ११. ६; मा. श्री. सू. १. ८. ६. २४ इत्यत्रैकत्वपुंस्त्वयोः समानाभिधानश्रुत्या कारकाङ्गत्वम् ।

एकपदश्रुतिः ।

यजत' इत्याख्याताभिहितसंख्याया भावनाङ्गत्वं समानाभिधानश्रुतेः, एकपदश्रुत्था च यागाङ्गत्वम् ।

अमूर्तया अपि भावनङ्गत्वम्

न चामूर्तयास्तस्याः कथं भावनाङ्गत्वमिति वाच्यम् । कर्तृपरिच्छेदद्वारा तदुपपत्तेः । भावनैव आख्यातवाच्या कर्तारमाक्षिपति । कर्ता चाश्चेपलभ्यः । आख्याते न हि भावनोच्यते । सा च कर्तारं विनानुपपन्नेति तमाक्षिपति ।

श्रुतिः

सेयं श्रुतिर्लिङ्गादिभ्यः प्रबला। लिङ्गादिषु न प्रत्यक्षो विनियोजकः शब्दोऽस्ति, किंतु कल्प्यः | यावच्च तैर्विनियोजकशब्दः कल्प्यते, तावत्प्रत्यक्षया श्रुत्या विनियोगस्य कृतत्वेन तेषां कल्पकत्वशक्तोहतत्वात् । अत एवैन्या

लिङ्गान्नेन्द्रोपस्थानार्थत्वम्। किंतु ऐन्द्रया गार्हपत्यमुपतिष्ठते' (मै.
सं. ३. २. ४ इत्यत्र गार्हपत्यमिति द्विवतीयाश्रुत्या
गार्हपत्योपस्थानार्थत्वम्।

लिङ्गनिर्वचनम्

शब्दमामर्थ्यं लिङ्गम् । यथाहुः – 'सामर्थ्यं सर्वशब्दानां (भावाना)
लिङ्गमित्यभिधयिते' तं. वा. २२५, न्यायरत्नमाला १३१ इति।
सामर्थ्यं रूढिरेव । तेन समाख्यातोऽस्या भेदः, यौगिकशब्दसमाख्यातो
रूढ्यात्मकलिङ्गशब्दस्य भिन्नत्वात् । तेन 'बर्हिदेवसदनं दामि' मै.
सं. १.१.२ इति मन्त्रस्य कुशलवनाङ्गत्वं, न तूलपादिलवनाङ्गत्वम् ।
तस्य 'बर्हिर्दामि इति लिङ्गात्तल्लवनं प्रकाशयितुं समर्थत्वात्।
एवमन्यत्रापि लिङ्गादिविनियोगो द्रष्टव्यः ।

लिङ्गं वाक्यादिभ्यो बलवत्

तदिदं लिङ्गं वाक्यादिभ्यो बलवत् । अत एव 'स्योनं ते सदनं कृणोमि
मा. श्री. स. १. २. ६. १९; तै. ब्रा. ३.७. ५. २३ इति मन्त्रस्य
पुरोडाशसदनकरणाङ्गत्वं 'सदनं कृणोमि' इति लिगात्, न तु वाक्यात्
॥

वाक्यनिर्वचनम्

समभिव्याहारो वाक्यम् । समभिव्याहारश्च
साध्यत्वादिवाचकद्विवतीयाद्यभावे ऽपि । वस्तुतः
शेषशेषिवाचकपदयोः सहोच्चारणम् । यथा 'यस्य पर्णमयी जुहूर्भवति
| न स पापं श्लोकं शृणोति' इति तै. सं. ३. ५. ७. २ | अत्र पर्णताजुह्वोः
समभिव्याहारादेव पर्णताया जुहृवङ्गत्वम् ।

नचानर्थक्यम्। अन्यथापि जुह्वाः सिद्धत्वादिति वाच्यम्। जुहूशब्देन
तत्साध्यापूर्वलक्षणात्। तथा च वाक्यार्थः पर्णतयावत्तहविर्धारणद्वारा
जुह्वपूर्वं भावयेदिति। एवं च पार्णतया यदि जहूः क्रियते, तदैव
तत्साध्यमपूर्वं भवति, नान्यथेति गम्यते इति न पर्णताया वैयर्थ्यम्।
'अवत्तहविर्धारणद्वारा इति चावश्यं वक्तव्यम्, अन्यथा नुवादिष्वपि
पर्णतापत्तेः। सेयं पर्णता अनारभ्याधोतापि सर्वप्रकृतिष्वेवान्वेति, न
विकृतिषु। तत्र चोदकेनापि तत्प्राप्तिसंभवात्पौनरुक्त्यापत्तेः।

प्रकृतिविकृतिलक्षणम्

यत्र समग्राङ्गोपदेशः सा प्रकृतिः, यथा दशपर्णमासादिः। तत्प्रकरणे
सर्वाङ्गपाठात्। यत्र न सर्वाङ्गोपदेशः सा विकृतिः। यथा सौर्यादिः।
तत्र कतिपयाङ्गानामतिदेशेन प्राप्तत्वात्। अनारभ्यविधिः
समान्यविधिः।

वाक्यं प्रकरणादिभ्यो बलवत्

तदिदं वाक्यं प्रकरणादिभ्यो बलवत्। अत एवेन्द्राग्नी इदं हवि ते. ब्रा.
३. ५. १०. ३ इत्यादेरेकवाक्यत्वाद्दशाङ्गत्वं, न तु
प्रकरणाद्दर्शपूर्णमामाङ्गत्वम्।।

प्रकरणनिरूपणम्

उभयाकाङ्क्षा प्रकरणम्। यथा प्रयाजादिषु समिधो यजती'(तै. सं. २.
६. १. १ इत्यादिवाक्ये फलाविशेषस्यानिर्देशात् 'समिद्यागेन
भावयेदिति बोधानन्तरं 'किमिति' उपकार्याकाङ्क्षा।
दर्शपूर्णमासवाक्येऽपि 'दर्शपूर्णमासाभ्यां स्वर्गं भावयेदिति आ श्री सू ३
१४८१ बोधानन्तर 'कथम्' इत्यपकारकाकाङ्क्षा। इत्थं
चोभयाकाङ्क्षया प्रयाजादीनां दर्शपूर्णमासाङ्गत्वम्।

प्रकरणद्वैविध्यम्

तच्च प्रकरणं द्विविधम् महाप्रकरणम्, अवान्तरप्रकरणं चेति ।
महाप्रकरणम् तत्र मुख्ययभायनासंबन्धिप्रकरां महाप्रकरगाम् । तेन च
प्रयाजादीनां दर्शपूर्णमासाङ्गत्वम् । एतच्च प्रक्रतावब,
उभयाकाङ्क्षायाः संभवात्, न तु विकृतौ । तत्र 'प्रकृतिवद्विकृतिः
कर्तव्य' इत्यतिदेशेन कथभावाकाङ्क्षाया
उपशमेनापूर्वाङ्गानामप्युभयाकाङ्क्षया विनियोगासंभवात् ।
तस्मादपूर्वाङ्गानां स्थानादेव विकृत्यर्शत्वमिति । अवान्तरप्रकरणम् ।
अङ्गभावनासंबन्धिप्रकरणमवान्तरप्रकरणम् । तेन चाभिक्रमणादीनां
प्रयाजाद्यङ्गत्वम् । तच्च सन्दशेनैव ज्ञायते । तदभावे चाविशेषात्
सर्वेषां फलभावनाकथंभावेन ग्रहणप्रसङ्गेन प्रधानाङ्गत्वापत्तेः ।

संदंशलक्षणम्

एकाङ्गानुवाढेन विधीयमानयोरङ्गयोरन्तराले विहितत्वं संदंशः ।
यथा अभिक्रमणे । तद् हि, 'समानयते जुह्वाम् उपभृतस्तेजो वै' तै. सं.
२. ६. १. २ इत्यादिना प्रयाजानुवाटेन किंचिदङ्गं विधाय, विधीयते –
'येस्यैवं विदुषः प्रयाजा इज्यन्ते प्रैभ्यो लोकेभ्यो भ्रातृव्यान् नुदते,
अभिक्रामं जुहोत्यभिजित्यै' तै. सं. २. ६.१. ४ इति तदनन्तरमपि 'यो वै
प्रयाजानां मिथुनं वेद' (तत्रैव) इत्यादिना किंचिदङ्ग विधीयते। अतः
प्रयाजाङ्गमध्ये विहितमभिक्रमणं तदङ्गम् । प्रयाजैरपूर्व कृत्वा
यागोपकारं भावयेदिति ज्ञाते 'कथमेभिरपूर्वं कर्तव्यम्' इति
कथंभावाकाङ्क्षायाः सत्त्वात् । सा च संदंशपठितैरभिक्रमणादिभिः
शाम्यति । न चाङ्गभावनायाः कथंभावाकाङ्क्षाऽभावः,
भावनासामान्येन तत्रापि तत्संभवात् ।

प्रकरणं क्रियाणामेव साक्षादङ्गत्वबोधकम्

तदिदं प्रकरणं क्रियाया एव साक्षादि्वनियोजक, द्रव्यगुणयौस्तु तद्वारा । तथाहि 'यजेत स्वर्गकामः इत्यत्र फलभावनायां कथंभावाकाङ्क्षायां संनिधिपठितांधूयमाणफलकं क्रियाजातमुपकार्याकाङ्क्षयेतिकर्तव्यतात्त्वेनान्वेति । क्रियाया एव लोके कथंभावाकाङ्क्षायामन्वयढर्शनात् । न हि हस्तेन 'कुठारेण च्छिन्द्यात्' इत्यत्र कथंभावाकाङ्क्षायामुच्चार्यमाणोऽपि हस्तोऽन्वेति, किं तु हस्तेनोद्यम्य निपात्येति उद्यमननिपातने एव, हस्तश्च तद्द्वारैवान्वेतोति सार्वजनीनमेतत् ।

प्रकरणं स्थानसमाख्याभ्यां बलवत्

इदं च स्थानादिभ्यो बलवत् । अत एव 'अक्षैर्दीव्यति, राजन्यं जिनाति तै. सं. १. ८. १६ इति विदेवनादयो धर्मा अभिपेचनीयसंनिधौ पठिता अपि स्थानान्न तदङ्ग, किं तु प्रकरणाद्राजसूयाङ्गमिति ।।

स्थाननिरूपणम्

देशसामान्य स्थानम् । तद्विविधम् पाठसादेश्यमनुष्ठानसादेश्यं चेति । स्थानं, क्रमश्चेत्यनर्थान्तरम् । पाठसादेश्यमपि द्विविधम् यथासंख्यपाठः, सन्निधिपाठश्चेति ।

यथासंख्यपाठेन विनियोगः

तत्र 'ऐन्द्राग्नमेकादशकपालं निर्वपेत्' मै. सं. २. १. १, 'वैश्वानरं द्वादशकपालं निर्वपेत्' मै. सं. २. १. २ इत्येवं क्रमविहितेषु 'इन्द्राग्नी रोच दिवः' मै. सं. ४. ११. १ इत्यादीनां याज्यानुवाक्यामन्त्राणां यथासंख्यं प्रथमस्य प्रथम, द्विवतीयस्य द्विवतीयमित्येवंरूपो विनियोगो यथासंख्यपाठात् । प्रथमपठितमन्त्रस्य हि कैमर्थ्याकांक्षायां प्रथमतो विहितं कर्मैव प्रथममुपतिष्ठते, समानदेशत्वात् । एवं द्विवतीयमन्त्रस्यापि।

संनिधिपाठेन विनियोगः

वैकृताङ्गानां प्राकृताङ्गानुवादेन विहितानां संदंशाऽपतितानां विकृत्यर्थत्वं सन्निधिपाठात् । यथा आमनहोमानाम् । तेषां हि कैमर्थ्याकाङ्क्षायां फलं विकृत्यगपूर्वमेव भाव्यत्वेन संबध्यते, उपस्थितत्वात् । स्वतन्त्रफलकत्वे विकृतिसंनिधिपाठानर्थक्योपपत्तेश्च ।

अनुष्ठानसादेश्येन विनियोगः

पशुधर्माणामग्नीषोमीयार्थत्वमनुष्ठानसादेश्यात् । औपवसथ्येऽह्नि अग्नीषोमीयः पशुरनुष्ठीयते, तस्मिन्नेव दिने ते धर्माः पठ्यन्ते । अतस्तेषां कैमर्थ्याकाङ्क्षायामनुष्ठेयत्वेनोपस्थितं पशुपूर्वमेव भाव्यत्वेन संबध्यते। तच्च स्थानं समाख्यातः प्रवलम । अत एव शुन्धनमन्त्रः सान्नाय्यपात्राङ्गं पाठसादेश्यात्, नतु 'पौरोडाशिक मिति समाख्यया पुरोडाशमाचाङ्गम् ॥

समाख्यानिरूपणम्

समाख्या यौगिकः शब्दः । सा च द्विविधा 'वैदिकी', 'लौकिकी' च । तत्र होतुश्चमसभक्षणाङ्गत्वं, 'होतृचमसः' इति वैदिक्या समाख्यया। अध्वर्यास्तत्तत्पदार्थाङ्गत्वं, लौकिक्या 'आध्वर्यव'मिति समाख्यया इति संक्षेपः ।। तदेवं निरूपितानि संक्षेपतः श्रुत्याढोदीनि षट् प्रमाणानि ।

विनियोगविधिबोधितागानि

एतत्सहकृतेन विनियोगविधिना 'समिटादिभिरुपकृत्य दर्शपूर्णमासाभ्यां यजेत' इत्येवंरूपेण यानि विनियोज्यन्ते, तान्यङ्गानि द्विविधानि सिद्धरूपाणि, क्रियारूपाणि चेति । तत्र

सिद्धानि जातिद्रव्यसंख्यादीनि | तानि च दृष्टार्थान्येव ।
क्रियारूपाणि च द्विविधानि गणकर्माणि, प्रधानकर्माणि च | एतान्येव
'सन्निपत्योपकारकाणि', 'आरादुपकारकाणि' इति चोच्यन्ते।

संनिपत्योपकारकाणि

कर्माङ्गद्रव्याद्यद्देशेन विधीयमानं कर्म सन्निपत्योपकारकम् । यथा
'अवघात' 'प्रोक्षणादि | तच्च दृष्टार्थम्, अदृष्टार्थं, दृष्टादृष्टार्थं चेति ।
तत्र दृष्टार्थमवघातादि, अदृष्टार्थं प्रोक्षणादि, दृष्टादृष्टार्थं
पशुपुरोडाशादि । तद्दि द्रव्यत्यागांशेनैव अदृष्टं, देवतोद्देशांशेन च
देवतास्मरणं दृष्टं करोति। इदमेव च 'आश्रयिकर्म इत्युच्यते।

आरादुपकारकाणि

द्रव्याद्यनुद्दिश्य केवलं विधीयमानं कर्म आरादुपकारकम् । यथा
प्रयाजादि ।

तयोर्विशेषः

आरादुपकारकं च परमापूर्वोत्पत्तावेवोपयूज्यते । सन्निपत्योपकारकं
तु द्रव्यदेवतासंस्कारद्वारा यागस्वरूपऽप्युपयुज्यते । तदेवं निरूपितः
सङ्क्षपतो विनियोगविधिः॥

प्रयोगविधिः

प्रयोगप्राशुभावबोधको विधिः प्रयोगविधिः । स
चाङ्गवाक्यैकवाक्यतापन्नः प्रधानविधिरेव । स हि साङ्गं
प्रधानमनुष्ठापयन्विलम्बे प्रमाणाभावादविलम्बापरपर्यायं
प्रयोगप्राशुभावं विधत्ते। न च तदविलम्बेऽपि प्रमाणाभावः इति वाच्यम्
। विलम्बे हि अङ्गप्रधानविध्येकवाक्यतावगततत्साहित्यानुपपत्तिः।

विलम्बेन क्रियमाणयोः पदार्थयोः 'इदमनेन सह कृतम्' इति साहित्यव्यवहाराभावात्। स चाविलम्बो नियते क्रमे आश्रीयमाणे भवति। अन्यथा हि किमेतदनन्तरमेतत्कर्तव्यम् एतदनन्तरं वा ? इति प्रयोगविक्षेपापत्तेः। अतः प्रयोगविधिरेव स्वविधेयप्रयोगप्राशुभावसिध्द्यर्थं नियतं क्रममपि पदार्थविशेषणतया विधत्ते। अत एवाङ्गानां क्रमबोधको विधिः प्रयोगविधिरित्यपि लक्षणम्।

क्रमस्वरूपम्

तत्र क्रमो नाम विततिविशेषः, पौर्वापर्यरूपो वा।

क्रमस्य श्रुत्यादिषट् सहकारिप्रमाणानि

तत्र षट् प्रमाणानि श्रुति, अर्थ, पाठ, स्थान, मुख्य, प्रवृत्त्या, ख्यानि।

श्रुतिलक्षणम्

तत्र क्रमपरवचनं श्रुतिः। तच्च द्विविधम्। केवलक्रमपरं तद्विशिष्टपदार्थपरं चेति। तत्र 'वेदं कृत्वा वेदि करोती ति मान. श्री. सू. १. १. ३. ३ केवलक्रमपरं, वेदिकरणादेवंचनान्तरप्राप्तत्वात्। 'वषट्कर्तुः प्रथमभक्षः आप. श्री. सू. १२. २४. ६ इति तु क्रमविशिष्टपदार्थपरम्। एकप्रसरताभङ्गभयेन भक्षानुवादेन क्रममात्रस्य विधातुमशक्यत्वात्।

श्रुतेः क्रमबोधकप्रमाणान्तरेभ्यः प्राबल्यम्

सेयं श्रुतिरितरप्रमाणापेश्वया बलवती तेषां वचनकल्पनद्वारा क्रमप्रमाणत्वात्। अत एवाश्विनग्रहणत्य पाठक्रमातृतीयस्थाने ग्रहणप्रसक्तो 'आश्विनो दशमो गृह्यते' मै. सं. ४. ६. १ इति

वचगाद्दशमस्थाने ग्रहणमित्युक्तम् ।

अर्थक्रमः

यत्र प्रयोजनवशेन क्रमनिर्णयः सोऽर्थक्रमः । यथा 'अग्निहोत्रं जहीति', यवागू पचति ते. ब्रा. २. १. ५. ६ इत्यग्निहोत्रयवागूपाकयोः । अत्र हि यवाग्वा होमार्थत्वेन तत्पाकः प्रयोजनवशेन पूर्वमनुष्ठीयते । स चायं पाठक्रमाद्बलवान् । यथापाठं ह्यनुष्ठाने क्लृप्तप्रयोजनबाधेऽदृष्टाऽत्वं च स्यात् । न हि होमानन्तरं क्रियमाणस्य पाकस्य किंचित् द्रष्टं प्रयोजनमस्ति ।

पाठक्रमः

पदार्थबोधकवाक्यानां यः क्रमः स पाठक्रमः । तस्माच्च पदार्थानां क्रम आधीयते । येन हि क्रमेण वाक्यानि पठितानि तेनैव क्रमेणाधीतान्यर्थप्रत्ययं जनयन्ति । यथाप्रत्ययं च पदार्थानामनुष्ठानम् । स च पाठो द्विविधः मन्त्रपाठो, ब्राह्मणपाठश्चेति । तत्राग्नेयाग्नीषोमीययोस्तत्तद्याज्यनुवाक्यानां पाठाद्यः क्रम आधीयते, स मन्त्रपाठात् ।

मन्त्रपाठो ब्राह्मणपाठाद्वलीयान्

स चायं मन्त्रपाठो ब्राह्मणपाठाद्वलीयान्, अनुष्ठाने ब्राह्मणवाक्यापेस्तुया मन्त्रपाठस्यान्तरङ्गत्वात् । ब्राह्मणवाक्य हि ग्रयोगाद्वहिरेव 'इद(एव) कर्तव्यमि'त्यवबोध्य कृतार्थम् । मन्त्राः पनः प्रयोगकाले व्याप्रियन्ते । अनुष्ठानक्रमस्य स्मरगाक्रमाधीनत्वात् । तत्क्रमस्य च मन्त्रक्रमाधीनत्वाद् अन्तरङ्गोऽयं मन्त्रपाठ इति ।

ब्राह्मणपाठक्रमात् क्रमः

प्रयाजानां समिधो यजति, तनूनपातं यजति तै. सं. २. ६. १. १ इत्येवं विधिपाठक्रमाद्यः क्रमः स ब्राह्मणपाठक्रमात् । यद्यपि ब्राह्मणवाक्यान्यर्थं विधाय कृतार्थानि, तथापि प्रयाजादीनां क्रमस्मारकान्तरस्याभावातान्येव क्रमस्मारकत्वेन स्वोक्रियन्ते।

स्थानलक्षणम्

स्थानं नामोपस्थितिः । यस्य हि देशे योऽनुष्ठीयते तत्पूर्वतने पदार्थे कृते स एव प्रथममुपस्थितो भवतीति युक्तं तस्य प्रथममनुष्ठानम् । अत एव साद्यस्के अग्नीषोमीयसमवनीयअनुबन्धानां सवनयि देशे सहानुष्ठाने कर्तव्येआदौ सवनीयपशोरनुष्ठानमितरयोः पश्चात् । तस्मिन्देशे आश्विनग्रहणानन्तरं सवनीयस्यैव प्रथममपस्थितिः ।

साद्यस्कयागः

तथाहि ज्योतिष्टोमे त्रयः पशुयागाः अग्नीषोमोयः, सवनीयः, आनुबन्ध्यश्चेति । ते च भिन्नदेशाः अग्नीषोमीय औपवसथ्येऽह्नि, सवनीयः सुत्याकाले, आनुबन्ध्यत्खन्ते । साद्यस्को नाम सोमयागविशेषः । स चाव्यक्तत्वाज्योतिष्टोमविकारः । अतस्ते त्रयोऽपि पशुयागाः साद्यस्क्रेप्ताः। तेषां तत्र साहित्यं श्रुतं 'सह पशूनालभेत‘ इति का. श्री. सू. २२. ३. २८ । तच्च साहित्यं सवनीयदेशे, तस्य प्रधानप्रत्यासत्तेः, स्थानातिक्रमगासाम्याच्च।

स्थानातिक्रमसाम्यम्

सवनीयटेशे ह्यनुष्ठानेऽनोषोमीयानबन्ध्ययोः स्वस्वस्थानातिक्रमो भवति । अग्नीषोमीयदेशे त्वनुष्ठाने सवनीयस्य स्वस्थानातिक्रममात्रम्। (अग्नीषोमीयस्य सवनीयस्थानातिक्रमः।) आनुबन्ध्यस्य तु स्वस्थानातिक्रमः सवनीयस्थानातिक्रमश्च स्यात्। एवमनुबन्ध्यदेशेऽग्नीषोमीयस्य द्रष्टव्यः (स्थानातिक्रमः)।

सवनीयस्य प्रथममनुष्ठानम्

तथा च सवनीयदेशे सर्वेषामनुष्ठाने कर्तव्ये सवनीयस्य प्रथममनुष्ठानम्। आश्विनग्रहणानन्तरं हि सवनीयदेशः। प्रकृतौ "आश्विनं गृहं गृहीत्वा त्रिवृता यूपं परिवीय आग्नेयं सवनीयं पशुमुपाकरोति" शत. ब्रा. ४. २. ५. १२ इत्याश्विनग्रहणानन्तरं सवनीयो विहितः इति साद्यस्केऽप्याश्विनग्रहणे कृते सवनीय एवोपस्थितो भवति। अतो युक्तं तस्य स्थानात्पथममनुष्ठानम् इतरयोस्तु पश्चात्इत्युक्तम्।

मुख्यक्रमलक्षणम्

प्रधानक्रमेण योऽङ्गानां क्रम आधीयते, स मुख्यक्रमः । येन हि क्रमेण प्रधानानि क्रियन्ते तेनैव चेत् क्रमेण तेषामङ्गान्यनुष्ठीयन्ते, तदा सर्वेषामङ्गाना स्वैः स्वैः प्रधानैस्तुल्यं व्यवधानं भवति । व्युत्क्रमेण त्वनुष्ठाने केषांचिदङ्गानां स्वैः प्रधानरत्यन्तमव्यवधानं, केषांचिदत्यन्त व्यवधान स्यात्तच्चायुक्तं, प्रयोगविध्यवगतसाहित्यवाधापत्तेः । अतः प्रधानक्रमोऽप्यङ्गक्रमे हेतुः । अत एव प्रयाजशेषेणादावाग्नेयहविषोऽभिधारणं, पश्चादैन्द्रस्य दनः, आग्नेयैन्द्रयागयोः पौर्वापर्यात् । एवं च द्वयोरभिधारणयोः स्वस्वप्रधानेन तुल्यमेकान्तरितं व्यवधानम् । व्युत्क्रमेणाघारे त्वाग्नेयहविरभिधारणाग्नेययागयोरत्यन्तमव्यवधानम्, ऐन्द्रदध्यभिधारणैन्द्रयागयोद्यन्तरित व्यवधानं, तच्चायुक्तमित्युक्तमेव ।

मुख्यक्रमस्य पाठक्रमाद्दौर्बल्यम्

स च मुख्यः क्रमः पाठक्रमादुर्बलः । मुख्यक्रमो हि प्रमाणान्तरसापेक्षप्रधानक्रमप्रतिपत्तिसापेक्षतया न तथेति बलवान् ।

तस्य च प्रवृत्तिक्रमात् प्राबल्यम्

स चायं मुख्यः क्रमः प्रवृत्तिक्रमाद् बलवान् । प्रवृत्तिक्रमे हि
बहूनामङ्गानां प्रधानविप्रकर्षात् मुख्यक्रमे तु सन्निकर्षात् ॥

प्रवृत्तिक्रमलक्षणम्

सहप्रयुज्यमानेषु प्रधानेषु सन्निपातिनामङ्गानामावृत्त्यानुष्ठाने
कर्तव्ये हि द्वितीयादिपदार्थानां प्रथमानुष्ठितपदार्थक्रमाद्यः क्रमः स
प्रवृत्तिक्रमः। यथा प्राजापत्यपश्वङ्गेषु | प्राजापत्या हि वैश्वदेदी कृत्वा
प्राजापत्यैश्चरन्ती ति ते. ब्रा. १. ३. ४. ३ वाक्येन तृतीयानिर्देशात्
सेतिकर्तव्यताका एककालत्वेन विहिताः जै. सू. ११.२.२४ | अतस्तेषां
तदङ्गानां चोपाकरणनियोजनप्रभृतीनां साहित्य संपाद्यम् । तच्च
प्राजापत्यपशूनां संप्रतिपन्नदेवताकत्वेन युगपदनुष्ठानादुपपद्यते ।
तदङ्गानां चोपाकरणादीनां युगपदनुष्ठानमशक्यम् । अतस्तेषां
साहित्यमव्यवहितानुष्ठानात्संपाद्यम् । तच्चैकस्योपाकरणं
विधायापरस्योपाकरणं विधेयम् । एवं नियोजनादिकमपि । तथा च
प्राजापत्येषु कस्माञ्चित्पशोरारभ्य एक सर्व सर्वत्रानुष्ठाय
द्वितीयादिपदार्थस्तेनैव क्रमेणानुष्ठेयः स प्रवृत्तिक्रमः । सोऽयं
श्रुत्यादिभ्यो दुर्बलः । तदेवं संक्षेपतो निरूपितः षड्विधक्रमनिरूपणेन
प्रयोगविधिः ॥

अधिकारविधिलक्षणम्

कर्मजन्यफलस्वाम्यबोधको विधिरधिकारविधिः ।
कर्मजन्यफलस्वाम्यं कर्मजन्यफलभोक्तृत्वम् । (1) स च 'यजेत
स्वर्गकाम' इत्यादिरूपः । स्वर्गमुद्दिश्य यागं विदधताऽनेन
स्वर्गकामस्य यागजन्यफलभोक्तृत्वं प्रतिपाद्यते । (2)
'यस्याहिताग्नेरग्निर्गृहान् दहेत् सोऽग्नये क्षामवतेऽष्टाकपालं निर्वपेत्

तै. सं. २.२.२.५ इत्यादिनाऽग्निदाहादौ निमित्ते कर्म विदधता निमित्तवतः कर्मजन्यपापक्षयरूपफलस्वाम्यं प्रतिपाद्यते । एवं (3) 'अहरहः सन्ध्यामुपासीत' षड्विंशब्रा. ४.५ ? इत्यादिना शुचिविहितकालजीविनः सन्ध्योपासनजन्यप्रत्यवायपरिहाररूपफलस्वाम्यं बोध्यते (२.४.१७)।

अधिकारस्वरूपम् (श्रुतम्)

तच्च फलस्वाम्यं तस्यैव योऽधिकारविशिष्टः । अधिकारश्च स यद्विधिवाक्येषु पुरुषविशेषणत्वेन श्रूयते । यथा काम्ये कर्मणि फलकामना, नैमित्तिके कर्मणि निमित्तनिश्चयः, नित्ये संध्योपासनादौ शुचिविहितकालजीवित्वम् । अत एव 'राजा राजसूयेन स्वाराज्यकामो यजेत' इत्यनेन विधिवाक्येन स्वाराज्यमुद्दिश्य विदधताऽपि न स्वाराज्यमात्रकामस्य तत्फलभोक्तत्वं प्रतिपाद्यते, किं तु राज्ञः सतः स्वाराज्यकामस्यैव, राजत्वस्यापिऽप्यधिकारिविशेषणत्वेन श्रवणात् ।

पुरुषविशेषणम् (अश्रुतम्)

क्वचित्तु पुरुषविशेषणत्वेनाश्रुतमप्यधिकारिविशेषणम् । यथाध्ययनविधिसिद्धा विद्या, क्रतूविधीनामर्थज्ञानापेक्षत्वेनाध्ययनविधिसिद्धार्थज्ञानवन्तं प्रत्येव प्रवृत्तेः । एवमग्निसाध्यकर्मसु आधानसिद्धाग्निमत्ता। अग्निसाध्यकर्मणामग्न्यपेक्षत्वेन तद्विधीनामाधानसिद्धाग्निमन्तं प्रत्येव प्रवृत्तेः । एवं सामर्थ्यमपि 'आख्यातानामर्थं ब्रुवतां शक्तिः सहकारिणी' श. भा. १. ४. ३० इति न्यायात् समर्थं प्रत्येव विधिप्रवृत्तेः । तदेवं निरूपितौ विधिः ।।

चतुर्थो मन्त्रपरिच्छेदः

मन्त्रमीमांसा

प्रयोगसमवेतार्थस्मारका मन्त्राः। तेषां च तादृशार्थस्मारकत्वेनैवार्थवत्त्वम्। न तु तदुच्चारणमदृष्टार्थम्, संभवति दृष्टफलकत्वऽदृष्टफलकल्पनाया अन्याय्यत्वात्।न च दृष्टस्यार्थस्मरणस्य प्रकारान्तरेणापि संभवान्मन्त्रानानं व्यर्थम् इति वाच्यम्। 'मन्त्रैरेव स्मर्तव्यम्' इति नियमविध्याश्रयणात्। संप्रतिपन्नदेवताकत्वेन युगपदनुष्ठानादुपपद्यते।

नियमविधिः

नानासाधनसाध्यक्रियायामेकसाधनप्राप्तावप्राप्तस्यापरसाधनस्य प्रापको विधिनियमविधिः। यथाहुः 'विधिरत्यन्तमप्राप्तौ नियमः पाक्षिके सति। तत्र चान्यत्र च प्राप्तौ परिसंख्येति गीयते॥ तं. वा. १. २. ४२ इति। अस्यार्थः प्रमाणान्तरेणाप्राप्तस्य प्रापको विधिरपूर्वविधिः। यथा 'यजेत स्वर्गकाम ' इत्यादिः। स्वर्गार्थकयागस्य प्रमाणान्तरेणाप्राप्तस्यानेन विधानात्। पक्षेप्राप्तस्य प्रापको विधिनियमविधिः। यथा 'ब्रीहीनबहन्ति' ते. ब्रा. ३. २. ५. ६ इन्यादिः। कथमस्य पक्षेप्राप्तप्रापकत्वम् ? इति चेत्, इत्थम् अनेन ह्यवधातस्य वैतुष्यार्थत्वं न प्रतिपाद्यते, अन्वयव्यतिरेकसिद्धत्वात्। किंतु नियमः। स चाप्राप्तांशपूरणम्। वैतुष्यस्य हि नानोपायसाध्यत्वाद्यदा अवधानं परित्यज्य उपायान्तरं ग्रहीतुमारभते, तदावघातस्याप्राप्तत्वन तद्विधाननामकमप्राप्तांशपूरणमेवानेन विधिना क्रियते। अतश्च नियमविधावप्राप्तांशपूरणात्मको नियम एव वाक्यार्थः। पक्षेप्राप्तावघातस्य विधानमिति यावत्।

परिसंख्याविधिः

उभयोश्च युगपत्प्राप्तावितरव्यावृत्तिपरो विधिः परिसंख्याविधिः। यथा 'पञ्च पञ्चनखा भक्ष्याः' रामायणम्. किष्किंधा. का. २. ३९ इति

। इदं हि वाक्यं न पञ्चपञ्चनखभक्षणपरं, तस्य रागतः प्राप्तत्वात् ।
नापि नियमपरं, पञ्चपञ्चनखपश्चेतरपञ्चनखभक्षणस्य
युगपत्प्राप्तेः पक्षेप्राप्त्यभावात् । अत
इदमपञ्चपञ्चनखभक्षणनिवृत्तिपरमिति भवति परिसंख्याविधिः ।

परिसंख्या द्विविधा

सा च द्विविधा श्रौती लाक्षणिकी चेति । तत्र 'अत्र ह्येवावयन्तीति (१०
४ २१२२) श्रौती परिसंख्या । एवकारेण
पवमानातिरिक्तस्तोत्रव्यावृत्तेरभिधानात् । 'पञ्च पञ्चनखा भक्ष्याः'
इति तु लाक्षणिकी।

परिसंख्याया दोषत्रयम्

दोषत्रयं च 1 श्रुतहानिः, 2 अश्रुतकल्पना, 3 प्राप्तबाधश्चेति । तदुक्तम्
'श्रुतार्थस्य परित्यागादश्रुतार्थप्रकल्पनात् । प्राप्तस्य बाधादित्येवं
परिसंख्या त्रिदूषणा ॥' इति । श्रुतस्य पञ्चपञ्चनखभक्षणस्य हानात्,
अश्रुताया अपञ्चपञ्चनखभक्षणनिवृत्तेः कल्पनात्प्राप्तस्य
चापञ्चपञ्चनखभक्षणस्य बाधनादिति । अस्मिंश्च दोषत्रयं दोषद्वयं
शब्दनिष्ठम् । प्राप्तवाधस्त्वर्थनिष्ठ इति दिक् ।

केषांचिन्मन्त्राणामुच्चारणमदृष्टार्थम्

येषां तु प्रयोगसमवेतार्थस्मारकत्वं न संभवति,
तदुच्चारणस्यानन्यगत्या ऽदृष्टार्थकत्वं कल्प्यते इति नानर्थक्यमिति
॥

पञ्चमो नामधेययपरिच्छेदः

नामधेयमीमांसा

नामधेयानां च विधेयार्थपरिच्छेदकतयार्थवत्त्वम् । तथा हि 'उद्भिदा यजेत पशुकामः' इत्यत्रोद्भिच्छब्दो यागनामधेयं, तेन च विधेयार्थपरिच्छेदः क्रियते । तथा हि । अनेन वाक्येनाप्राप्तत्वात् फलोद्देशेन यागो विधीयते । यागसामान्यस्याविधेयत्वाद् यागविशेष एव विधीयते । तत्र 'कोऽसौ यागविशेषः' ?

इत्यपेक्षायामद्भिच्छब्दादुद्भिद्रूपो याग इति ज्ञायते । 'उद्भिदा यागेन पशुं भावयेत्' इत्यत्र सामानाधिकरण्येन नामधेयान्वयात्

नामधेयत्वे निमित्तचतुष्टयम्

नामधेयत्वं च निमित्तचतुष्टयात् 1 मत्वर्थलक्षणाभयात्, 2 वाक्यभेदभयात्, 3 तत्प्रख्यशास्त्रात्, 4 तव्यपदेशात् चेति।

(1) मत्वर्थलक्षणाभयात् नामधेयत्वं । तत्र 'उद्भिदा यजेत पशुकामः' इत्यत्रोद्भिच्छब्दस्य यागनामधेयत्वं मत्वर्थलक्षणाभयात् । तथा हि न तावदनेन वाक्येन फलं प्रति यागविधानं, तं प्रति च गुणविधानं युज्यते, वाक्यभेदापत्तेः । उद्भिच्छब्दस्य गुणसमर्पकत्वे च यागस्याप्यप्राप्तत्वात् गुणविशिष्टकर्मविधानं वाच्यम् । 'उद्भिद्वता यागेन पशुं भावये दिति विशिष्टविधौ मत्वर्थलक्षणेत्युक्तमेव ।।

(2) वाक्यभेदभयात् नामधेयत्वं । "चित्रया यजेत पशुकामः' ते. सं. २. ४. ६. १ इत्यत्र चित्राशब्दस्य कर्मनामधेयत्वं वाक्यभेढभयात् । तथा हि न तावदत्र गुणविशिष्टयागविधानं संभवति । 'दधि मधु पयो घृतं धाना उदकं तण्डुलाः तत्संसृष्टं प्राजापत्यम', इत्यनेन गुणस्य विहितत्वात्तद्विशिष्टयागविध्यनुपपत्तेः । यागस्य फलसंबम्धे गुणसम्बन्धे च विधीयमाने वाक्यभेदः । तस्माच्चित्राशब्दः कर्मनामधेयम् । तथा च 'चित्रायागेन पशुं भावये दिति सामानाधिकरण्येनान्वयान्न वाक्यभेदः । प्रकृतेष्टेरनेकद्रव्यत्वेन चित्राशब्दवाच्यत्वोपपत्तिः ।

(3) तत्प्रख्यशास्त्रात् नामधेयत्वं | 'अग्निहोत्रं जुहोति' मै. सं. १. ८. ६ इत्यत्राग्निहोत्रशब्दस्य कर्मनामधेयत्वं, तत्प्रख्यशाखात् । तस्य गुणस्य प्रख्यापकस्यप्रापकस्य शास्त्रस्य विद्यमानत्वात्, अग्निहोत्रशब्दः कर्मनामधेयमिति यावत् । नन्वयं गुणविधिरेव कुतो ने इति चेत् न। यदि 'अग्नौ होत्रमस्मिन्', इति सप्तमीसमासमाश्रित्य होमाधारत्वेनाग्निरूपो गुणो विधेयः, तदा 'यदाहवनीये जुहोती त्यनेनैवाग्नेः प्राप्तत्वात्तद्विधानानर्थक्यम् । 'अग्नये होत्रमिति चतुर्थीसमासमाश्रित्य अग्निदेवतारूपगुणोऽनेन विधीयत इति चेत् न । तद्देवतायाः शास्त्रान्तरेण प्राप्तत्वात्।

देवतारूपेणाग्निप्रापकशास्त्रप्रश्नः। किं तच्छाखान्तरमिऽति चेत्, 'यदग्नये च प्रजापतये च सायं जुहोति' मै. सं. १. ८.७ इति केचित् अपरे तु 'अग्नियोतिर्योतिरनिस्स्वाहा' मै. सं. १.६.१० इति मन्त्रवर्ण एवाग्निरूपदेवताप्रापकः । नन्वनेर्मान्त्रवर्णिकत्वे प्रजापतिदेवताया बाधः स्यात् । मन्त्रवर्णस्य चतुर्थीतो दुर्बलत्वात् । यथाहुः

'तद्धितेन चतुर्थ्या च मन्त्रवणेर्न वा पुनः । देवताया विधिस्तत्र दुर्बलं तु परपरमिति ।। तं. वा. २.२.२३

इति चेत्, न। 'यदग्नये च प्रजापतये च सायं जुहोति' इत्यत्र न केवल प्रजापतिविधानम्, किंतु मन्त्रवर्णप्राप्तमग्निमनुद्य तत्समुच्चितप्रजापतेः । एवं च न बाधः, केवलप्रजापतिविधानाभावात् । न च अत्र समुच्चितोभयविधानमेव कथं न? इति वाच्यम् । समुचितोभयविधानापेक्षयान्यतः प्राप्तमग्निमनूद्य तत्समुच्चितप्रजापतिमात्रविधाने लाघवात् । एवं च प्रयाजेषु समिदादिदेवतानां 'समिधः समिधो अग्न आज्यस्य व्यन्तु ते. ब्रा. ३. ५. ५. १ इत्यादिमन्त्रवर्णेभ्यः प्राप्तत्वात । 'समिधो यजति ते. सं. २. ६. १. १ इत्यादिषु समिदादिशब्दाः 'तत्प्रख्यशास्त्रात्' कर्मनामधेयाः ।।

(4) तद्व्यपदेशात् नामधेयत्वं । 'श्येनेनाभिचरन् यजेत' षड्विंशब्रा. ३. ८. २; आ. श्री. सू. २२. ४. १३ इत्यत्र श्येनशब्दस्य कर्मनामधेयत्वं तद्यपदेशात्' (१.४.५)। तेन व्यपदेशात् = उपमानात्, तदन्यथानुपपत्तेरिति यावत् । तथा हि यद्विधेयं तस्य स्तुतिर्भवति । यद्यत्र श्येनो विधेयः स्यात् तदार्थवादस्तस्यैव स्तुतिः कार्या । अत्र 'यथा वै श्येनो निपत्यादत्ते, एवमयं द्विषन्तं भ्रातृव्यं निपत्यादत्ते षड्विंशब्रा. ३. ८. ३ इत्यनेनार्थवादेन श्येनः स्तोतुं न शक्यः, श्येनोपमानेनार्थान्तरस्तुतेः क्रियमाणत्वात् । न च श्येनोपमानत्वेन स एव स्तोतुं शक्यते, उपमानोपमेयभावस्य भिन्ननिष्ठत्वात् । यदा तु श्येनसंज्ञको यागो विधीयते, तदा अर्थवादेन श्येनोपमानेन तस्य स्तुतिः कर्तुं शक्यते इति श्येनशब्दः कर्मनामधेयं तद्व्यपदेशात् इति। उत्पत्तिशिष्टगुणबलीयस्त्वात् कर्मनामधेयत्वम्। उत्पत्तिशिष्टगुणबलयिस्त्वमपि पञ्चमं नामधेयनिमित्तमिति कचित् । यथा 'वैश्वदेवेन यजेत' ते. ब्रा. १.४.१०.१ इत्यादौ । अत्रोत्पत्तिशिष्टाग्न्याटीनां बलीयस्त्वाद्वैश्वदेवदेवताविधायकत्वं न संभवतीति कर्मनामधेयत्वम् । वस्तुतस्तु 'तत्प्रख्यशास्त्रात्' एवास्य कर्मनामधेयत्वं, प्रकृतयागे विश्वेदेवरूपगुपामर्पकशास्त्रस्यार्थवादरूपस्यैव सत्त्वात् । 'यद्विश्वेदेवाः समयजन्त तद्वैश्वदेवस्य वैश्वदेवत्वम् ते. ब्रा. १.४.१०.५ इति॥

षष्ठो निषेधपरिच्छेदः

निषेधमीमांसा

पुरुषस्य निवर्तकं वाक्यं निषेधः, निषेधवाक्यानामनर्थहेतुक्रियानिवृत्तिजनकत्वेनैवार्थवत्त्वात् । तथा हि यथा विधिः प्रवर्तनां प्रतिपादयन् स्वप्रवर्तकत्वनिर्वाहार्थं विधेयस्य यागादेरिष्टसाधनत्वमाक्षिपन् पुरुषं तत्र प्रवर्तयति, तथा 'न कलज

भक्षयेत्' इत्यादिनिषेधोऽपि निवर्तनां प्रतिपादयन्
स्वनिवर्तकत्वनिर्वाहार्थं निषेध्यस्य कलञ्जभक्षणस्य
परानिष्टसाधनत्वमाक्षिपन् पुरुषं ततो निवर्तयति।

लियशब्दभावनाया नगर्थेनान्वयः

ननु निषेधवाक्यस्य कथं निवर्तनाप्रतिपादकत्वम् इति चेत् उच्यते । न
तावदत्र धात्वर्थस्य नार्थेनान्वयः, अव्यवधानेऽपि तस्य
प्रत्ययार्थभावनोपसर्जनत्वेनोपस्थितेः । न
ह्यन्योपसर्जनत्वेनोपस्थितमन्यत्रान्वेति । अन्यथा 'राजपुरुषमानय
इत्यादावपि राज्ञः क्रियान्वयापत्तेः । अतः प्रत्ययार्थस्यैव नर्थेनान्वयः ।
तत्रापि नाख्यातत्वांशवाच्यार्थभावनायाः, तस्या
लिङ्त्वांशवाच्यप्रवर्तनोपसर्जनत्वेनोपस्थितेः, किंतु
लिङ्त्वांशवाशब्दभावनायाः, तस्याः सर्वापेक्षया प्रधानत्वात्।

नस्वभावकथनम्

नत्रश्चैष स्वभावो यत्स्वममभिव्याहृतपदार्थविरोधिबोधकत्वम् । यथा
'घटो नास्ति' इत्यादौ 'अस्ति' इतिशब्दसमभिव्याहृतो 'नञ्
घटसत्त्वविरोधि घटासत्त्वं गमयति, त(द)दिह लिङममभिव्याहृतो नञ्
लिङर्थप्रवर्तनाविराधिनीं निवर्तनामेव बोधयति । विधिवाक्यश्रवाणेऽयं
मां प्रवर्तयतीति प्रवर्तनाप्रतीतिवत् निषेधवाक्यश्रवणेऽयं मां
निवर्तयतीति निवृत्त्यनुकूलव्यापाररूपनिवर्तनायाः प्रतीतेः ।
तस्मान्निषेधवाक्यस्थले निवर्तनैव वाक्यार्थः।

प्रत्ययार्थास्य नवर्यान्वये द्विविधं बाधकम्

यदा तु प्रत्ययार्थस्य तत्रान्वये बाधकं तदा धात्वर्थस्यैव तत्रान्वयः ।
तच्च बाधकं द्विविधम – 'तस्य व्रतम् ' इत्युपक्रमः,
विकल्पप्रसक्तिश्च 1) तत्राद्यं 'नेक्षेतोद्यन्तमादित्यम्' मनुस्मृ. ४.

३७ इत्यादौ, 'तस्य व्रतम्' इत्युपक्रम्यैतद्वाक्यपाठात् । तथा चात्र पर्युदासाश्रयणम् । तथाहि व्रतशब्दस्य कर्तव्यार्थे रूढत्वात् 'तस्य व्रतम्' इत्यत्र स्नातकस्य व्रतानां कर्तव्यत्वेनोपक्रमात् । किं तत्कर्तव्यम् ?' इत्याकाङ्क्षायां 'नेक्षेतोद्यन्तम्' इत्यादिना कर्तव्यार्थ एव प्रतिपादनीयः । अन्यथा पर्वोत्तरवाक्ययोरेकवाक्यत्वं न स्यात । तथा च नर्थेन न प्रत्ययार्थान्वयः, कर्तव्यार्थानबबोधात् । विध्यर्थप्रवर्तनाविरोधिनिवर्तनाया एव तादृशनना बोधनात्, तस्याश्च कर्तव्यार्थत्वाभावात् । तस्मात् 'नेक्षेते' इत्यत्र नत्रा धात्वर्थविराध्यनीक्षणसंकल्प एव लक्षणया प्रतिपाद्यते, तस्य कर्तव्यत्वसंभवात् ।

पर्युदासपक्षे 'नेक्षेत' इत्यस्य वाक्यार्थः

'आदित्यविषयकानीक्षणसंकल्पेन भावयेत्' इति वाक्यार्थः । तत्र भाव्याकाङ्क्षायां 'एतावता हैनमा वियुक्तो भवति इति वाक्यशेषावगतः पापक्षयो भाव्यतयान्वेति । एवं च पूर्वोत्तरयोरेकवाक्यत्वं निर्वहत्येव । न चात्र धात्वर्थबिरोधिन पटार्थान्तरस्यापि संभवात्कथमनीक्षणसंकल्पस्यैव भावनान्वय इति वाच्यम् । तस्य कर्तव्यताऽभावेन प्रकृते भावनान्वयायोग्यत्वात् ।

विकल्पप्रसक्तौ पर्युदासाश्रयणम्

2) द्वितीयं – 'यजतिषु येयजामहं करोति नानुयाजेषु' आप. श्री. सू. २४. १३. ५ इत्यादी अत्र विकल्पप्रसक्तौ च पर्युदासाश्रयणात् । तथाहि यद्यत्र वाक्ये नत्रर्थ प्रत्ययार्थान्वयः स्यात्तदा अनुयाजेषु 'ये यजामहे' इति मन्त्रस्य प्रतिषेधः स्यात् अनुयाजेषु येयजामहं न कुर्यादिति । स च प्राप्तिपूर्वक एव, प्राप्तस्यैव प्रतिषेधात् । प्राप्तिश्च यजतिषु येयजामहं करोति' इति शास्त्रदेव वाच्या शास्त्रप्राप्तस्य च प्रतिषेधे विकल्प एव, न तु बाधः । प्राप्तिमूलरागस्यैव तन्मूलशास्त्रस्य

शास्त्रान्तरेण बाधायोगात् । नच 'पदे जुहोति' ते. सं. ६. १.८.१ इति विशेषशास्त्रेण 'आहवनीये जुहोति ते. ब्रा. १. ६. ५. ४ इति शास्त्रस्येव 'नानुयाजेषु' इत्यनेन 'यजतिषु ये यजामहं करोति' इत्यस्य बाधः स्यादिति वाच्यम् । परस्परनिरपेक्षयोरेव शास्त्रयोर्बाध्यबाधकभावात् । पदशास्त्रस्य हि
स्वार्थविधानार्थमाहवनीयशास्त्रानपेक्षणान्निरपेक्षत्वम् । प्रकृते तु निषेधशास्त्रस्य निषेध्यप्रमक्त्यर्थं 'यजतिषु ये यजामहम्' इत्यस्यापेक्षणात् निरपेक्षत्वम् ।

बाधायोगोपसंहारः

तस्माच्छास्त्रविहितस्य शाखान्तरेण प्रतिषेधे विकल्प एव । स च न युक्तः । विकल्पे शास्त्रस्य पाक्षिकाप्रामाण्यापातात् । नहि अनुयाजेषु 'ये यजामहम्' इत्यस्यानुष्ठाने 'नानुयाजेषु इत्यस्य प्रामाण्यं संभवति, व्रीहियागानुष्ठाने यवशास्त्रस्येव (१२. ३. १०१५) । द्विवरदृष्टकल्पना च स्यात् । विधिप्रतिषेधयोरपि पुरुषार्थत्वात् । अतो नात्र प्रतिषेधस्याश्रयणं, किंतु नञोऽनुयाजसंबन्धमाश्रित्य पर्युदासस्यैव । इत्थं चानुयाजव्यतिरिक्तेषु 'यजतिषु ये यजामहे' इति मन्त्रं कुर्यादिति वाक्यार्थबोधः, नत्रोऽनुयाजव्यतिरिक्ते लाक्षणिकत्वात् । एवं च न विकल्पः । अत्र च वाक्ये 'ये यजामहे' इति न विधीयते, 'यजतिषु येयजामहम्' इत्यनेनैव च प्राप्तत्वात् । किं तु सामान्यशास्त्रप्राप्त येयजामह इत्यनुवादेन तस्यानुयाजव्यतिरिक्तविषयत्वं विधीयते । यत् 'यजातेषु येयजामहं करोति' तदनुयाजव्यतिरिक्तेष्वेवति ।

पर्युदासोपसंहारयोर्भेदवर्णनम्

नन्वेवं सामान्यशास्त्रप्राप्तस्य विशेषे संकोचनरूपादुपसंहारात्पर्युदासस्य भेदो न स्यादिति चेत्, न । उपसंहारो हि तन्मात्रसंकोचार्थः । यथा 'पुरोडाशं चतुर्धाकरोति' ते. ब्रा.

३. ३. ८. ६ इति समान्यप्राप्तं चतुर्धाकरणं आग्नेयं चतुर्धाकरोति' आ. श्री. सू. ३. ३. २ इति विगेषादाग्नेयपुरोडाशमात्रे संकोच्यते । पर्युदासस्य तदन्यमात्रसंकोचार्थ इति ततो भेदात् ।

विकल्पप्रसक्तावपि प्रतिषेधाश्रयणम्

कुत्रचिद्विकल्पप्रमक्तावप्यनन्यगत्या प्रतिषेधाश्रयणम् । यथा 'नातिराचे षोडशिनं गृह्णाति तै. सं. ६. ६. ११. ४ इत्यादौ । अत्र हि अतिरात्रे षोडशिनं गृह्णाति' इति शास्त्रप्राप्तषोडशिग्रहणस्य निषेधाद्विकल्पप्रसक्तावपि न पर्युदासाश्रयणम्, असंभवात् । तथाहि यद्यत्र षोडशिपदार्थेन नत्रर्थान्वयः, तदातिरात्रे षोडशिव्यतिरिक्तं गृह्णातीति वाक्यार्थबोधः स्यात्, स च न संभवति, 'अतिरात्रे षोडशिनं गृह्णाति' इति प्रत्यक्षविधिविरोधात् । यदि चातिरात्रेण पदार्थेनान्वयः, तदा 'अतिरात्रव्यतिरिक्ते षोडशिनं गृह्णाति' इति वाक्यार्थबोधः स्यात्सोऽपि न संभवति, तद्विधिविरोधात् । अतोऽत्रानन्यगत्या शास्त्रप्राप्तषोडशिग्रहणस्यैव निषेधः । न च विकल्पप्रसक्तिः, तस्याप्यपेक्षणीत्वात् ।

विकल्पे प्रतिषिध्यमानस्यानर्थहेतुत्वाभाववर्णनम्

इयांस्तु विशेषः यद्विकल्पापादकप्रतिषेधेऽपि प्रतिषिध्यमानस्य नानर्थहेनत्वम्, विधिनिषेधोभयस्यापि क्रत्वर्थत्वात् । यत्र तु न विकल्पः प्राप्तिश्च रागत एव, प्रतिषेधश्च पुरुषार्थः, तत्र प्रतिषिध्यमानस्यानर्थहेतुत्वम् । यथा 'न कलङ्गं भक्षयेत् इत्यादौ कलञ्जभक्षणादेः । तत्र भक्षणनिषेधस्यैव पुरुषार्थत्वात् । न च 'दीक्षितो न ददाति, न जुद्दोति' ते. सं. १. २. ३; मै. सं. ३. ६ ५ इत्यादौ शास्त्रप्राप्तदानहोमादीनां निषेधाद्विकल्पापतिरिति वाच्यम् । स्वतः पुरुषार्थभूतदानहोमादीनां निषेधस्य पुरुषार्थत्वाभावेऽपि निषिध्यमानस्यानर्थहेतुत्वात्,यथा क्रतौ स्वस्त्रीगमनादेः ।

तन्निषेधस्य क्रत्वर्थत्वेन तस्य क्रतुवैगुण्यसंपादकत्वात् ।।

सप्तमोऽर्थवादपरिच्छेदः

अर्थवादमीमांसा

प्राशस्त्यनिन्दान्यतरपरं वाक्यमर्थवादः । तस्य च लक्षणया प्रयोजनवदर्थपर्यवसानम् । तथा हि अर्थवादवाक्यं हि स्वार्थप्रतिपादने प्रयोजनाभावादि विधेयनिषेध्ययोः प्राशस्यनिन्दितत्वे लक्षणया प्रतिपादयति । स्वार्थमात्रपरत्वे आनर्थक्यप्रसङ्गात् । 'आम्नायस्य हि क्रियार्थत्वात् (1.2.1) | न चेष्टापत्तिः । 'स्वाध्यायोऽध्येतव्यः' इत्यध्ययनविधिना सकलवेदाध्ययनं कर्तव्यमिति बोधयता सर्ववेदस्य प्रयोजनवदर्थपर्यवसायित्वं सूचयतोपात्तत्वेनानर्थक्तनुपपत्तेः ।

अर्थवादविभागः

स द्विविधः विधिशेषः, निषेधशेषश्चेति । तत्र 'वायव्यं श्वेतमालभेत भूतिकामः' ते. सं. २. १. १. १ इत्यादिविधिशेषस्य 'वायुर्वै क्षेपिष्ठा देवता' इत्यादेविधेयार्थप्राशस्त्यबोधकतयार्थवत्त्वम् । 'बर्हिषि रजतं न देयम् ते. सं. १. ५. १. २ इत्यादिनिषेधशेषस्य, सोऽरोदीद्यदरोदीत्तिद्रुद्रस्य रुद्रत्वम् तै. सं. १. ५. १. १ इत्यादेर्निषधस्य, निन्दितत्वबोधकतयार्थवत्त्वम् । न च प्राशस्यादिबोधस्य निष्प्रयोजनत्वेनस्यार्थवत्त्वमिति वाच्यम् । आलस्यादिवशादप्रवर्तमानस्य पुंसः प्रवृत्त्यादिजनकत्वेन तद्वोधस्योपयोगात् ।

अर्थवादस्य भेदत्रयम्

स पुनस्त्रधा तदुक्तम्। 'विरोध गुणवादः स्यादनुवादोऽवधारिते।
भूतार्थवादस्तद्धानादर्थवादनिधा मतः' बृ. उ. सं. वार्तिक. ५६७ इति ।
अस्यार्थः प्रमाणान्तरविरोधे सत्यर्थवादः (1)गुणवादः, यथा 'आदित्यो
यूपः' ते. ब्रा. २. १.५.२ इत्यादि । यपे आदित्याभेदस्य
प्रत्यक्षबाधितत्वादादित्यवदुज्जलत्वरूपगुणोऽनेन लक्षणया
प्रतिपाद्यते। प्रमाणान्तरावगतार्थबोधकोऽनुवादः (2) अनुवादः, यथा
'अग्निर्हिमस्य भेषजम्' ते. सं. ७. ४. १८. २ इति | अत्र
हिमविरोधित्वस्याग्नौ प्रत्यक्षावगतत्वात् ।
प्रमाणान्तरविरोधतत्प्राप्तिरहितार्थबोधकोऽर्थवादः । (3) भूतार्थवादः।
यथा 'इन्द्रो वृत्राय वज्रमुदयच्छत् शतप. ब्रा. १. २. ३.३ इत्यादिः।

अष्टमो निगमनपरिच्छेदः

ग्रंथोपसंहारः

एवं च यजेत स्वर्गकामः' इत्यादिनिखिलवेदस्य साक्षात्परंपरया वा
यागादिधर्मप्रतिपादकत्वं सिद्धम् । सोऽयं धर्मो यदुद्दिश्य विहितः,
तदुद्देशेन क्रियमाणस्तद्धेतुः । ईश्वरार्पणबुद्ध्या क्रियमाणस्तु
निःश्रेयसहेतुः । न च तदर्पणबुद्ध्यानष्ठाने प्रमाणाभावः 'यत्करोषि
यदनासि यज्जुहोषि ददासि यत्। यत्तपस्यसि कौन्तेय तत्कुरुष्व
मदर्पणम् ॥ इति (९. २७) भगवद्गीतास्मृतेरेव प्रमाणत्वात् ।
स्मृतिचरणे जै. सू. १. ३ तत्प्रामाण्यस्य श्रुतिमलकत्वेन
व्यवस्थापनादिति शिवम् ।।

अर्थसंग्रहप्रयोजनम्

बालानां सुखबोधाय भास्करेण सुमेधसा। रचितोऽयं समासेन
जैमिनीयार्थसंग्रहः ।।

इति धामहापाश्चागनोगाक्षिभास्करनिरचिनपूर्वमैमासार्थसंग्रहनामकं
प्रकरणं समाप्तिमगात ।।

क्रम-सूची

www.ingramcontent.com/pod-product-compliance
Lightning Source LLC
Chambersburg PA
CBHW051135160726
47997CB00019B/2548